# Magische Rauhnächte im Zeichen der weiblichen Archetypen

Simone Schlegel

Inhalt

# Herzlich Willkommen

Ich begrüsse dich ganz herzlich zu diesen Rauhnächten und ich freue mich, dass du dich für dieses Buch entschieden hast. Ich vermute, auch du spürst, dass da noch so viel Potential in deiner Weiblichkeit steckt, welches nur darauf wartet, endlich gelebt zu werden.

Ich habe beschlossen, dieses Buch etwas anders aufzubauen, als die üblichen Rauhnachtsbücher. In meinen Augen sind es nämlich weniger die alten Rituale und Bräuche, die die Rauhnächte magisch machen. als viel mehr das, was in DIR steckt. DU bist die Magie. Aus diesem Grund habe ich das Kapitel mit den alten Bräuchen und Ritualen eher kurz gehalten und dir dafür erklärt, wie deine Gefühle und Gedanken deine Realität bestimmen. Das Gesetz der Resonanz und das neue Bewusstsein sind die eigentliche Essenz, die sich hier wunderbar in das Rauhnachtsthema einfügt. Ich gehe wenig auf die Tatsache ein, dass jede Rauhnacht für einen Monat des kommenden Jahres steht, vielmehr interessiert es mich, dass du dir über diese 12 Tage und Nächte ein Energiefeld erschaffst, dass dir eine neue Frequenz erschafft und damit neue Welten eröffnet!

Du darfst dich in dieser Zeit ganz tief mit dir und deiner urweiblichen Energie verbinden, um endlich wieder das ganze Potential zu erwecken, das in dir schlummert. Zu lange haben wir mehr Energie dafür aufgewendet, unseren Kern zu verstecken, als dafür, unserem inneren Ruf zu folgen. Jetzt ist es an der Zeit, die Hüllen abzubauen und in unsere Essenz vorzudringen.

# Herzlich Willkommen

Ich möchte dir noch etwas zu der Handhabung dieses Buches mitgeben. Wie gesagt, ist es kein ganz gewöhnliches Rauhnachts-Buch. Erstens weil es sich auf eine etwas modernere Weise mit den Rauhnächten befasst, und zweitens, weil es ein Buch ist, das dich dazu einlädt wirklich mit ihm zu arbeiten. Schreib darin, krizzle, male, zeichne ... Kurz: Lass es zu deinem Werkzeug werden.

Was macht dieses Buch noch besonders?
Es ist entstanden, weil ich mehrfach mein Wissen in Form eines Online-Rauhnachtskurses angeboten habe. Bei diesem Kurs ist man gemeinsam unterwegs, meditiert, tauscht vielleicht auch mal aus und die Infos kommen auch mal per Video in die Gruppe.
Das Buch bietet allein nicht ganz so viele Möglichkeiten. Trotzdem möchte ich dir die eine oder andere geführte Meditation zu den verschiedenen Tagen schenken. Dazu habe ich auf meiner Internetseite eine virtuelle Toolbox mit Übungen und Meditationen eingerichtet, auf die du mittels des untenstehenden QR-Codes zugreifen kannst.

Natürlich kannst du das Buch auch ganz gut ohne diesen Zusatz nutzen, aber wer weiss, vielleicht kann ich dir damit eine Freude bereiten!

Und nun wünsche ich dir eine magisch schöne Rauhnachtszeit
Herzlichst Simone

Nutze diesen QR-Code um auf die Meditationen und
Übungen zugreifen zu können.
www.simoneschlegel.ch/toolbox

# Herzlich Willkommen

## Good to know

In unserer Gesellschaft sind wir sehr in einer männlichen Denkweise gefangen. Dazu gehört auch, dass wir das Gefühl haben, immer etwas TUN zu müssen, um weiter zu kommen oder zu genügen. Ich möchte dich in diesen Rauhnächten enladen, aus dem TUN etwas auszusteigen und im SEIN anzukommen. Auch wenn unser Verstand sich damit noch etwas schwer tut, ist das SEIN sehr kraftvoll und häufig zielführender als das TUN!
Das bedeutet für diese Rauhnächte, du brauchst gerade nichts zu tun. Die Rauhnächte sind keine Zeit um zu TUN, sie sind eine Zeit, um zu SEIN und zu WERDEN, WAS WIR SCHON IMMER WAREN.

Ich möchte dir hiermit den Druck nehmen, irgendwelchen Vorstellungen und Vorgaben zu entsprechen. Die Übungen und Rituale sind Beispiele und Vorschläge für dich. Wenn du für irgend etwas keine Zeit hast, oder du dich an gewissen Tagen nicht mit dem Thema befassen kannst, dann lass los! Vertraue darauf, dass alles zu dir kommt, was du genau jetzt brauchst.

Die Arbeit die wir hier tun, ist eine energetische. Die Übungen und Rituale sollen nur eine Hilfe für dich und dein Unterbewusstsein sein. Auch wenn Rituale magisch und kraftvoll sind, weil sich dadurch unser Unterbewusstsein viel einfacher auf Veränderung einlassen kann, werden diese Tage auch magisch sein, wenn du die einen oder anderen Übungen auslässt.

*Es gibt nichts zu tun,*

*nur zu sein!*

5

# Die Bedeutung der Rauhnächte

## Herkunft

Schon die Kelten und Germanen haben diese Zeit zwischen den Jahren gefeiert. Priesterinnen und Druiden haben vorausgesagt, was das nächste Jahr bringen soll, haben geräuchert und geopfert. Alte Energien wurden abgelöst und losgelassen.

Die Rauhnächte starten in der Nacht vom 24. auf den 25.Dezember und enden in der Nacht auf den 6. Januar. Einige starten ihre Rauhnächte bereits mit der Wintersonnwende am 21. Dezember. Das hat damit zu tun, dass die Wintersonnwende als solches ein sehr bedeutsamer Tag ist. Im nächsten Kapitel werden wir noch näher auf diesen wichtigen Tag eingehen.

Für mich ist die Wintersonnwende zwar nicht der Start der Rauhnächte, aber in gewisser Weise ein Startpunkt dieser ganzen Transformations-Zeit. Hier beginnt der Prozess des Bewusstwerdens und des Loslassens und ein Erahnen der Visionen. Die Wintersonnwende ist also so etwas wie die "Warming Up Party" der Rauhnächte. Am 24.Dezember beginnt dann die eigentliche Definition der Vision mit dem Verstärken der Energie ihren Gunsten.

So ist das eigentliche Ziel der Rauhnächte, einen energetischen Raum zu erschaffen, der dieser Vision von dir und deinem Leben entspricht. Diesen Raum wirst du über diese Rauhnachtszeit immer und immer wieder mit der entsprechenden Energie anfüllen.

# Die Bedeutung der Rauhnächte

Früher haben sich die Menschen in dieser Zeit in ihre Häuser zurück gezogen. Auf den Höfen gab es nicht viel zu tun, ausser zu reflektieren und Geschichten zu erzählen. Es war eine Zeit ausserhalb der Zeit. Die Schleier zwischen dem Diesseits und dem Jenseits sind dünn und so war man sich sicher, dass man der Zukunft in diesen Tagen etwas näher ist als sonst. Die Zeit wurde also genutzt, um zu weissagen, Karten zu legen, und zu räuchern. Es gab viele Rituale und Mythen um diese Zeit. Noch heute machen wir einige dieser alten Rituale, vieles gehört aber nicht mehr zu uns und wir dürfen uns unsere eigenen, neuen Rituale suchen.

Rituale sind Handlungen, in die wir mit Körper, Geist und Seele involviert sind. Das bedeutet, auch unser Unterbewusstsein ist mit im Boot. Das lässt den Ritualen wirklich eine grosse Bedeutung zukommen. Sie funktionieren aber nur, wenn sie uns in das richtige Gefühl, die richtige Haltung und in die richtige Energie bringen. Ansonsten ist es ein leeres Abspulen von Tätigkeiten und hat keine tiefere Wirkung. Deshalb fühle ganz genau, ob das Ritual mit dir in Resonanz geht oder nicht.

Denn der Schlüssel für die Veränderung ist dein INNERES! Das Ritual ist nichts anderes als dein Hilfsmittel!

## Die Magie liegt in dir und nicht im Ritual!

## Alte Bräuche

Im Mittelalter war man überzeugt, dass in dieser Zeit Geister und Dämonen ihr Unwesen treiben, da die Schleier zwischen dem Diesseits und dem Jenseits dünner sind als sonst. So entstanden viele Rituale und Bräuche, um sich vor diesen Geistern zu schützen. Man durfte zum Beispiel während dieser Zeit keine Wäsche waschen bzw. aufhängen, da man Angst hatte, ein Geist könnte sich darin verfangen. Man musste vor den Rauhnächten alles Ausgeliehene zurück geben und alles Angefangenen musste davor fertig gestellt werden.

Um Haus und Hof zu schützen, wurde täglich geräuchert. Dazu ging die ganze Familie mit einem feuerfesten Gefäss, in dem Kräuter oder Harze verbrannt wurde, über den Hof und durch den Stall. Der Rauch war nicht nur für das fernhalten der Geister gedacht, sondern sollte auch Krankheiten und Unglück fern halten.

## Neuere Bräuche

Seit ein paar Jahren werden die Rauhnächte auch bei uns wieder vermehrt gefeiert. Sie sind ein schöner Gegenpol zu der Hektik, die die (Vor-)Weihnachtszeit mitbringt. Der Fokus wird mit den Rauhnächten wieder vermehrt von den äusseren Dingen ins Innere gekehrt und genau da liegt die Magie.
Diese „Zwischenzeit", zwischen dem, was war und dem, was wird, bietet sich an, um zu reflektieren und Rückschau zu halten. Aber vor allem ist sie dazu da, die Weichen zu stellen und sich eine Visionen und Ideen anzuschauen.
Die häufigsten Rituale, die wir heute noch nutzen sind folgende:

## Räuchern

Das Ausräuchern der Wohnung oder des Hauses ist noch immer ein sehr verbreitetes Rauhnachtsritual. Übrigens geht man davon aus, dass auch der Name "Rauhnächte" vom Räuchern kommt.

Beim Räuchern geht es darum, die Räume von alten Energien zu reinigen und das Alte, Abgestandene loszuwerden. Zum Räuchern gibt es verschiedene Möglichkeiten. Man kann das Räucherwerk auf eine Räucherkohle legen. Dadurch verbrennen die Pflanzen und es gibt eine starke Rauchentwicklung, das eignet sich optimal um auszuräuchern. Man kann die Pflanzenstoffe aber auch auf ein Stövchen mit Sieb legen. Dabei verbrennen sie nicht und geben nur ihre Öle ab. Es entsteht kein Rauch. Diese Methode eignet sich sehr gut, um für die Meditation oder das Journaling ein passendes Ambiente zu schaffen. Die dritte Möglichkeit ist das Räucherstäbchen. Das ist einfach und für universell nutzbar.

## Meditation

Die Meditation ist die beste Möglichkeit, sich mit seinem Innern zu verbinden. Unser Inneres gibt uns Antworten, die wir in der Hitze des Alltages nicht hören. Meditation hat daneben auch viele positive Auswirkungen auf unseren Körper, die mittlerweile auch wissenschaftlich belegt sind, aber hier geht es vor allem darum, sich mit der eigenen Essenz zu verbinden, Antworten zu bekommen, wo der eigene Seelenweg hin geht und was der nächste Schritt sein könnte. Wir verbinden uns also mit der Energie des Neuen, also der Vision. So werden wir vertraut mit dem neuen Leben, das wir uns wünschen. Veränderung geschieht immer von innen nach aussen, das heisst, wir müssen erst das neue Sein in uns fühlen, um es dann im Aussen erleben zu können. Dazu dient die Meditation.

## Beliebte Rituale

### Journaling /Traumtagebuch

Man sagt, jede Nacht vom 24.12. bis zum 6.1. wird einem Monat des darauffolgenden Jahres zugeschrieben. Das heisst, die Nacht vom 24. zum 25 Dezember entspricht dem Januar, die nächste dem Februar etc.. So haben die Träume, die wir in diesen Nächten träumen, immer eine Bedeutung für den entsprechenden Monat. Viele Frauen, die seit längerem die Rauhnächte feiern, haben sehr intensive Träume in dieser Zeit und schreiben sich diese in einem Traumtagebuch auf. Aber auch das In-Sich-Spüren, Gefühle und Begegnungen beobachten, gibt Hinweise auf das darauffolgende Jahr. Es ist deshalb ein schöner Brauch, ein Rauhnachtstagebuch zu führen, das man im darauffolgenden Jahr immer wieder hervor nehmen kann.

### Karten ziehen / Orakeln

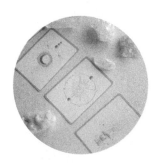

Genau so, wie man die Träume und Tage in Bezug auf das darauf folgende Jahr reflektiert, so können wir auch Karten zum jeweiligen Monat ziehen. Da wir uns aber in dieser Zeit so stark mit uns und unseren Plänen und Visionen beschäftigen, finde ich die Bedeutung der Karte in Bezug auf meine aktuellen Gedanken (Visionsfindung, Entwicklung) fast bedeutender. Vielleicht helfen sie uns, die Visionen klarer zu sehen, geben uns einen Anstoss, eine andere Blickrichtung. Die Karten sind für mich immer ein wunderbares Hilfsmittel, wenn ich in einen Transformationsprozess gehe, und genau dazu laden dich die Rauhnächte ein.

# Beliebte Rituale

## Visionboard schreiben

Man kann die Zeit wunderbar nutzen, um sich ein Visionboard zu erstellen. Das kann ein ganz Einfaches sein, bei dem man sich die einzelnen Lebensbereiche notiert und in einem Mindmap alle Visionen und Träume dazu aufschreibt. Es kann aber auch ein kleines Kunstwerk in diesen Tagen entstehen, das man mit Bildern aus Zeitschriften oder Büchern gestaltet. Wichtig ist auch hier, dass es dich anspricht und du bei einem einzigen Blick darauf, sofort wieder in dem Gefühl deiner Vision bist. Hänge das Visionboard an einen Ort, wo du es auch nach den Rauhnächten immer wieder siehst.

## Dein Sacred Place

Um zu meditieren, zu räuchern und zu journalen ist es wunderbar, wenn du dir einen fixen Platz dafür aussuchst, den du für dieses Rendez-Vous mit dir reservierst. Dekoriere ihn schön, stelle Kerzen hin - zum Beispiel auch deine Wintersonnwendkerze.
Lege einen schönen Stift, vielleicht auch Papier und Farben bereit, falls du noch etwas zeichnen oder aufschreiben möchtest, das in diesem Buch nicht Platz hat. Auch dein Räucherwerk kannst du dort platzieren, vielleicht Edelsteine oder eine Engelsfigur. Mache diesen Platz zu deinem heiligen Ort für dich! So dass dein Unterbewusstsein sich wohl fühlt und spürt, dass du jetzt bereit bist, ihm zuzuhören.

## 13 Wünsche

Beim Ritual der 13 Wünsche werden zur Wintersonnwende am 21.Dezember 13 Wünsche auf kleine Zettelchen geschrieben. Diese werden gefaltet und dann in einem Gefäss aufbewahrt. In jeder Rauhnacht, also ab dem 24.12. jeden Abend wird nun ein Zettel verbrannt, ohne dass man weiss, welcher Wunsch es jeweils ist. Am Schluss bleibt ein Zettel übrig. Den Wunsch auf diesem Zettel gilt es selber zu erfüllen. Die andern Wünsche, die jeden Abend dem Universum übergeben wurden, sollen im jeweiligen Monat erfüllt werden.

## Altes loslassen - Feuerritual

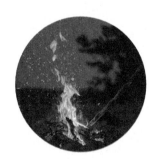

Zu Beginn der Rauhnächte finde ich das Loslassen von alten Glaubenssätzen und Mustern wunderbar. Schliesslich wollen wir ja diese alten Zöpfe und Knörze nicht mit ins neue Jahr nehmen. Ich persönlich mache dieses Ritual ganz bewusst zur Wintersonnwende. All diese alten Dinge, die wir nicht mehr möchten, werden dazu auf Zettel geschrieben und dem Feuer übergeben. Alternativ kann man sich auch Tannzapfen suchen, denen man die alten Dinge "übergibt" und die man dann mit viel Elan ins Feuer schmeissen kann. Kinder mögen dieses Version besonders gerne.

# Energetische Grundlagen

## Unser Leben ist ein Abbild unserer Gefühle und Gedanken.

Ich möchte dir vor dem Beginn ein paar grundsätzliche Dinge zu Energie und Resonanz erzählen, die in meinen Augen wichtig sind. Denn eigentlich bewegen wir uns zu den Rauhnachtszeit genau in diesem Bereich. Richtig verstanden und angewendet, ist dieses Wissen der Schlüssel für ein glückliches Leben, so wie wir es uns wünschen.

### Wir dürfen davon ausgehen,

**...dass wir Energie und Schwingung sind!**
Je nachdem, wie wir denken und fühlen verändert sich unsere Frequenz und unser Energiefeld.

**...dass wir dem Gesetz der Resonanz unterworfen sind!**
Unsere Frequenz bildet unser Resonanzfeld und dieses zieht an, was es aussendet. Wir können also nur in unser Leben ziehen, was bereits in unserem Energiefeld ist.

**...dass wir Schöpfer unseres Lebens sind!**
Unser Leben, so wie es jetzt ist, haben wir uns selber erschaffen. Das Positive, aber auch das Negative. Das heisst, unser jetziges Leben, ist das Resultat unserer Gedanken und Gefühle bzw. der Frequenz unseres Energiefeldes.

Was wir in den Rauhnächten machen, hat ganz viel mit dem Gesetz der Resonanz zu tun. Wenn wir das Wissen der Resonanz mit der Magie der Rauhnächte verbinden, dann werden diese Tage doppelt transformativ!

## Wir ziehen an, was wir SIND und nicht was wir WOLLEN!

Es geht also darum, unsere Frequenz zu justieren und die eigene Energie so zu bündeln, dass wir das Richtige ausstrahlen, um es dann eben auch anzuziehen. Die Rauhnächte sind das magische Gefäss, das uns dabei unterstützt!

# Energetische Grundlagen

## Wie wir (noch) denken, dass das Leben funktioniert

In unserem alten, bisherigen Weltbild entscheidet das Aussen, wie wir uns fühlen. Das heisst, wir denken, äussere Begebenheiten bestimmen über unser Glück. Beispiele dazu: "Wenn ich nettere Arbeitskollegen hätte, würde ich gerne arbeiten gehen" oder "Wenn mein Partner liebevoller wäre, wäre ich glücklich". Damit werden wir zum Spielball äusserer Umstände, was uns in eine Opferhaltung bringt. In diesem alten Weltbild, versuchen wir primär Veränderung im Aussen zu bewirken, um uns in 2. Instanz besser zu fühlen

## Wie das Leben wirklich funktioniert

Aus der Bewusstseinsforschung wissen wir, dass es eigentlich genau anders herum funktioniert. Wir erschaffen uns das Aussen durch unsere Gefühle und Emotionen. Das bedeutet, wenn wir es schaffen, in unserem Innen den Gefühlszustand zu erschaffen, den wir uns wünschen, werden wir Dinge in unser Leben ziehen, die uns diesen Gefühlszustand "bestätigen" werden. Um auf das Beispiel von oben zurück zu kommen: Wenn ich es schaffe, mich geliebt und liebenswert zu fühlen, dann wird auch mein Partner liebevoller mit mir umgehen. Das gleiche gilt für das Beispiel mit dem Arbeitsplatz.

# Energetische Grundlagen

## Unser Energiefeld

Wenn wir versuchen unsere Welt von Innen heraus zu verändern und uns unser Leben neu zu manifestieren, dann dürfen wir uns also erstmal um unser Energiefeld kümmern. Nutze die folgenden Tipps und versuche diese Art zu Denken zu deinem Normal zu machen. So veränderst du dauerhaft dein Schwingungsfeld und deine Vision findet zu dir!

*Hierzu findest du ebenfalls einen kleinen Input in meiner Toolbox.*

### Mindset
-> Wir achten auf unsere Gedanken und versuchen uns und unserem Umfeld gegenüber wohlwollend zu denken.

### Verbindung mit dem Herzen
-> Wir verbinden uns regelmässig mit unserem Herzen und verstärken damit unser elektromagnetisches Feld und koordinieren es mit dem Feld unseres Gehirns

### Wir achten auf unseren Körper
-> Wir essen hochwertige Nahrung, trinken genug und achten unseren Körper als ein Geschenk. Wir schlafen genug und achten auf Bewegung und Ruhephasen

### Verbindung und Stärkung des Zentralkanals
-> Wir öffnen und beatmen unseren Zentralkanal durch Meditation und Bewegung. Wir erden uns, um unser elektromagnetisches Feld zu stärken.

### Energielecks in den unteren 3 Chakren entgegenwirken
-> Wir nehmen Glaubenssätze und Prägungen achtsam wahr (Angst, Schuld, Macht und "nicht genügen")
-> Wir stärken Chakren durch Übungen und Meditation

## Vertrauen

Jetzt hast du bereits einiges gelernt, was mit deiner Resonanz und damit mit Manifestation zu tun hat. Unser Ziel ist es, uns so stark mit unserer Vision zu verbinden, dass wir das Gefühl haben, sie sei schon real.

In diesem Moment, indem du alles in dir fühlst, kreierst du deine Vision.

Du fängst an, sie nach Aussen zu "projezieren", und signalisierst damit dem Universum wofür du empfänglich bist.

Du manifestierst dein neues ICH, dein neues Leben.

Jetzt bist du nicht mehr im Opfermodus der äusseren Welt, sondern du bist in der Selbstverantwortung und im Schöpfer-Modus angelangt.

Und dann kommt der letzte Schritt:

**loslassen und vertrauen.**

Die fast grössere Herausforderung ist nun das Loslassen und Vertrauen. Wir dürfen den Drang loslassen, kontrollieren zu müssen, WIE das alles geschieht, und dem Universum freie Hand lassen, seine Arbeit zu tun. Wichtig ist deshalb, dass wir vor allem Gefühle zu unserer Vision ins Feld schicken und keine genaue "Wegangabe". Also: wie fühlen wir uns, wenn wir eine glückliche Beziehung leben / den perfekten Job haben / in Fülle leben. Manchmal geschieht das anders, als wir es uns vielleicht vorstellen und deshalb dürfen wir darauf vertrauen, dass die Energie ihren Weg finden wird, auch wenn wir diesen vielleicht noch nicht erkennen können.

## Die Weiblichkeit

### Die Geschichte der Frau

Aber jetzt widmen wir uns dem Thema, das wir uns gezielt in diesen Rauhnächten anschauen werden.

**Die Weiblichkeit!**

Ich werde dir in diesem Rahmen nur die wichtigsten Infos mitgeben, denn ich möchte, dass du ganz schnell in die Archetypen und die Übungen einsteigen kannst. Möchtest du noch mehr in das Thema Weiblichkeit eintauchen, dann schau dir auch mein Buch "Zurück in eine neue Weiblichkeit" an, oder folge mir auf Youtube für Videos zu diesem Thema. (Link am Ende des Buches)

Wir leben in einer Welt, die stark vom männlichen Prinzip dominiert wird. Wir Frauen haben im Laufe der Zeit vergessen, dass unsere weibliche Energie eine unglaubliche Stärke für uns bereit hält. Das hat einerseits mit unserer Geschichte (siehe folgende Seite) und somit dem kollektiven weiblichen Feld zu tun, aber auch die Emanzipierungs-Bewegung ist leider etwas am Ziel vorbei geschossen. Uns wurde erklärt, dass wir alles können, was Männer auch können und dass es, abgesehen von den paar anatomischen Abweichungen, keine Unterschiede gibt. Damit haben wir Frauen uns aber leider selber unserer wahren Potentiale beschnitten. Wir haben plötzlich geglaubt, dass nur männliche Attribute wertvoll sind. Ich möchte dich mit dieser Rauhnachtsreise bestärken, deine weibliche Grösse mit Hilfe der weiblichen Archetypen wieder freizusetzen und wünsche mir, dass du nach diesen Tagen spürst, was für ein Potential im wahren Frau-Sein liegt.

# Die Weiblichkeit

## Die Geschichte der Frau

### Priesterin

In der Antike war die Frau eine Priesterin. Die Frau wurde für ihre Fähigkeiten (Leben gebären, Verbindung zum Übernatürlichn, Räume halten etc.) geachtet und geschätzt. Sie hatte ihren Platz.

### Frau in einer männlichen Welt

Die Frau erkannte, dass die Männer erfolgreich waren und die Welt regierten. Über die Jahrhunderte der Unterdrückung hatte sie vergessen, wie eine starke Weiblichkeit funktioniert und versucht die starke Männlichkeit zu kopieren.
...und wird dabei unglücklich und krank...
Wie aber geht es jetzt weiter?

### Kräuterfrau, Heilerin,

Dann kam die Kirche und die Frau wurde mit der Erbsünde belastet. Lange hielten sich noch die Kräuterfrauen, die Heilerinnen, die weisen Frauen im Hintergrund. Sie wurden gefürchtet, aber man war doch froh, dass es sie gab.

### Rechtsstaat

Mit der Entwicklung des Rechtsstaates erst, bekam die Frau sozusagen ihre Lebensberechtigung zurück und erkämpfte sich im Laufe der Jahre eine "Gleichberechtigung" neben den Männern.

### Verfolgung, Unterdrückung

Im Mittelalter - der dunklen Zeit - war dann die Blüte-Zeit der Frau definitiv zu Ende. Das männliche Prinzip wurde stärker. Die Frau kam "unter die Räder" und musste schauen, wie sie überlebt. Sie hat sich unterworfen, um zu überleben.

# Die Weiblichkeit

Ich bin mir sicher, dass wir nicht mehr in die alte Zeit der Priesterinnen und Heilerinnen zurück sollen. Es darf etwas Neues entstehen mit dem weiblichen Bewusstsein der alten Zeit. Ähnlich wie bei den Ritualen geht es darum, etwas zu finden, das zu uns Frauen im 21.Jahrhundert passt, uns aber wieder die Grösse und Stärke von damals beschert. Die weiblichen Archetypen helfen uns dabei, uns mit der urweiblichen Qualität zu verbinden und alte Themen wie Schuld und Scham zu heilen. Es ist dann an jeder einzelnen, diese Weiblichkeit in der Arbeitswelt, der Familie, der Partnerschaft zu integrieren und zu leben.

Was ich hier aber noch in aller Deutlichkeit sagen möchte, es geht nicht darum, die männliche Energie oder die Männer schlecht zu reden. Wir brauchen die männliche Energie genau so, wie die weibliche, nur ist das Verhältnis zur Zeit nicht optimal.
Alle Menschen tragen beide Anteile in sich und es geht grundsätzlich immer um das Spiel zwischen diesen beiden Energieformen. Einerseits in dir als Mensch, andererseits aber auch in der Partnerschaft, der Familie oder der Gesellschaft. Wir brauchen beide Pole, damit die Energie dazwischen fliessen kann! Nur wenn beide Pole stark und heil sind, funktioniert ein System auf Dauer.

**Viel zu lange wurde weibliche Weichheit als Schwäche, Kreativität als Unklarheit, und Intuition als nicht belegbar abgetan. Es ist Zeit, diese Dinge wieder als unsere Stärke zu entdecken und sie nicht zu verstecken, oder uns für sie zu entschuldigen.**

## Weibliche vs. Männliche Attribute

Was aber sind denn eigentlich weibliche und was männliche Attribute. Was verbinden wir mit weiblicher Energie, was mit männlicher.
Grundsätzlich lässt sich sagen, das Männliche ist eher der Verstandes-Anteil und das Weibliche der Fühl-Anteil in uns. Das Weibliche entspricht dem Yin, das Männliche eher dem Yang. Beide Teile braucht es, beide sind gut und wichtig. Die Mischung und Kombination machts.

In etwa können wir die männliche und weibliche Energie so beschreiben

| ♀ | | ♂ |
|---|---|---|
| warm, weich | | fokussiert |
| Intuitiv | | rationell |
| kreativ | | aktiv |
| empfangend | | vorpreschend |
| vereinigend | | klar, scharf |
| zyklisch | | leistungsorientiert |
| weich | | hart, klar |
| SEIN | | TUN |
| | | |
| HERZ | | VERSTAND |
| | | |
| MOND | | SONNE |

# Die Archetypen der Frau

## Was sind Archetypen

Die Archetypen beschreiben sogenannte Urtypen des menschlichen Seins. Erstmal wurde dieser Begriff von C.G. Jung genutzt und ist seither ein Bestandteil der analytischen Psychologie.

Das Wort stammt aus dem griechischen und bedeutet soviel wie Ursprung (Arche) und Abdruck (Typus). Es beschreibt also eine Art „Ur- oder Grundprägung". Archetypen sind die Rollen, die wir ganz klar assoziieren können (die Mutter, die Königin, die Kriegerin), die es aber im wahren Leben nie so eindeutig zu finden gibt. Wir sind immer alles. So leben immer mehrere Archetypen in uns, und wir tragen sie je nach Situation und Lebensabschnitt mehr oder weniger nach aussen.

Es werden mittlerweile ganz viele unterschiedliche Archetypen beschrieben. Sie wurden im Laufe der Zeit immer mehr aufgeteilt und differenziert.

Die Archetypen gibt es natürlich nicht nur für die Frau. Es gibt allgemeine Archetypen, aber auch geschlechtspezifische. So sind z.B. der Archetyp der Mutter und des Vaters nicht vergleichbar, weil sie eine ganz unterschiedliche Energie in sich tragen, das innere Kind hingegen, ist relativ geschlechtsneutral.

Alle Archtypen haben verschiedene Ausprägungen. So kann jeder Archetyp verletzt oder geschwächt sein. Sobald der Archetyp aus seiner Mitte kommt, verliert er seine Stärke und wir können seine Fähigkeiten nicht mehr für uns nutzen.
Wenn wir über die Archetypen in die Bewusstseinsarbeit einsteigen, fällt es uns oftmals leichter, uns zu orientieren und zu reflektieren, da jeder Archetyp für eine ganz bestimmte Rolle steht und eine ganz klare Energie hat!

# Die Archetypen der Frau

## Die 7 Archetypen der Frau

In der Literatur werden bis zu dreizehn unterschiedliche Archteypen beschrieben.

Wir werden uns in diesem Buch mit den 7 weiblichen Archetypen befassen, die in meinen Augen die kraftvollsten sind, wenn es um Visionen und Manifestation geht. Sie bilden unseren inneren "Women Circle" und unterstützen uns dabei, auf weibliche Art und Weise unser Potential zu leben und die Vision zu gestalten.

Dein Ziel darf es sein, dir über die Rauhnächte deinen inneren Women Circle zu erschaffen, der dich beschützt, begleitet, führt und hält! Dafür wirst du dich mit deinen innewohnenden Archtypen verbinden, sie kennenlernen, um Rat fragen oder heilen.

Die Königin

Die Gefährtin

Die Priesterin

Die Kreative

Die Mutter

Die Kriegerin

Die wilde Frau

# Mein Commitement

So, jetzt ist es Zeit, in die Umsetzung zu kommen und richtig loszulegen. Schliesslich möchtest du ja nicht nur WISSEN worum es geht, sondern auch wirklich etwas verändern.

Aus diesem Grund habe ich dir ein kleines Commitement verfasst, das du auf der nächsten Seite findest. Die schönste und passendste Übersetzung für das Wort Commitement ist "Einsatz". Wenn du also mit diesen Rauhnächten wirklich etwas in deinem Leben bewirken möchtest, und dein Licht endlich in die Welt strahlen soll, dann ist ein gewisser Einsatz unumgänglich. Denn du wirst mit deinem Unterbewusstsein einen starken Gegner haben, der dich immer wieder versucht in die alten Muster und Frequenzen zurück zu holen! Ich wünsche mir, dass ich dich damit motivieren kann, diesen Einsatz zu leisten und dich ganz und gar auf die Rauhnächte und dieses Buch einzulassen.

Lies dir bitte das Commitement laut vor, so dass du auch hörst, was du da liest. Vielleicht musst du es auch zwei mal durchlesen um wirklich mit Haut und Haar zu verstehen, was damit gemeint ist. Unterschreibe danach das Blatt.

Damit signalisierst du deinem Unterbewusstsein, dass es dir ernst ist!

# Mein Commitement

ICH HABE MICH ENTSCHIEDEN, DIESES BUCH ZU LESEN UND ICH VERSPRECHE MIR, DASS ICH MICH DARAUF EINLASSE, UM DAS BESTE AUS DIESEN TAGEN HERAUSZUHOLEN.

ICH VERSPRECHE MIR, ACHTSAM MIT MIR UND MEINEN MITMENSCHEN UMZUGEHEN.

ICH VERSPRECHE MIR, MICH AUF NEUE SICHTWEISEN EINZULASSEN UND MEINE KOMFORTZONE IN FRAGE ZU STELLEN.

ICH VERSPRECHE MIR, DASS ICH MEIN BESTES DAZU BEITRAGEN WERDE, ZU WACHSEN UND ZU DER PERSON ZU WERDEN, DIE ICH SEIN MÖCHTE UND DIE IN MIR SCHON IST.

ICH VERSPECHE MIR, DINGE IN FRAGE ZU STELLEN, DIE BISHER EINFACH SO WAREN, WEIL SIE SO WAREN.

ICH VERSPECHE MIR, ÜBER MEINE GRENZEN HINAUSZUBLICKEN UND ANZUERKENNEN, DASS ICH MEHR ALS EINE ANSAMMLUNG VON ZELLEN BIN.

ICH VERSPRECHE MIR, MICH NICHT UNTER DRUCK ZU SETZEN UND MIT LEICHTIGKEIT UND FREUDE AUS DIESEN TAGEN MITZUNEHMEN, WAS FÜR MICH STIMMIG IST.

ICH ERINNERE MICH DARAN, DASS DIE WEIBLICHE ENERGIE EINE KREATIVE UND INTUITIVE IST. ICH ERLAUBE MIR MEINE KREATIVITÄT GANZ INTUITIV FLIESSEN ZU LASSEN, ZU MALEN, ZU SINGEN, ZU SCHREIBEN... ICH DARF !

ICH VERSPRECHE MIR, GANZ BEI MIR ZU SEIN!

ORT, DATUM,                                UNTERSCHRIFT


---------------------                    ---------------------

# Die Wintersonnwende

In allen alten Völkern wurde die Wintersonnwende als der Anfang des neuen Jahres gefeiert. An diesem Tag gelangt die Sonne an ihren südlichsten Punkt und stoppt für ca.3 Tage, bevor sie sich wieder in Richtung Norden, also zu uns bewegt. Für uns heisst das, die Tage werden wieder länger, das Licht nimmt wieder Fahrt auf!

Die Nacht der Wintersonnwende ist ein wahrer Neustart, der Zyklus des Jahres beginnt hier neu und kein Tag eignet sich besser, um die eigenen Schatten im Dunkeln loszulassen und sich selber in ein neues Licht zu entwickeln.

Früher war dies der einzige Tag, an dem man auf den Höfen das Feuer ausgehen liess, um ein Neues zu entfachen. Alles Alte kam somit zu einem Ende und es begann ein neuer Zyklus.

Schon lange bevor ich angefangen habe, die Rauhnächte zu feiern, habe ich mir zur Wintersonnwende jeweils ein Visionboard gestaltet, habe geräuchert und versucht, mir der Dinge bewusst zu werden, die ich loslassen möchte, um meinem Visionboard näher zu kommen.

Du kannst dir das in etwa so vorstellen; Auch bei dir Zuhause gibt es bestimmt diese eine Schublade, in die einfach alles reinkommt, wenn du nicht weisst wohin damit. Was machst du nun, wenn du diesen Ort des Grauens aufräumen möchtest? Richtig, du legst einfach mal alles raus, schaust dir an, was überhaupt alles drin ist, was weg kann, weil kaputt, alt oder nicht mehr wichtig. Du hast dabei bereits eine Idee, wie die aufgeräumte Schublade aussehen könnte, aber im Moment herrscht noch Chaos - kennst du, oder?

Dieser Prozess entspricht in etwa der Wintersonnwende! Du machst eine Art Auslegeordnung und legst alles, was im letzten Jahr war, gut oder weniger gut, auf den Tisch. Du hast schon eine Idee, wo es grob hin sollte, aber für das genaue Sortieren und Einräumen braucht es erst den Überblick.

Für den Rest sind dann die Rauhnächte zuständig.

Es geht also zur Wintersonnwende darum, alle Dinge anzuschauen und zu entscheiden, was weg kann und was wieder rein soll. Und wahrscheinlich erkennst du dabei, dass es noch das eine oder andere zusätzlich braucht, damit es so wird, wie du es dir wünschst.

# Die Wintersonnwende

## Einige Ritual-Ideen für die Wintersonnwende

Für diesen Prozess des "Aufräumens" gibt es viele schöne Rituale. Es gibt solche, die dich dabei unterstützen, die Dinge aus deinem Unterbewusstsein hervor zu kramen, die - wie in der Schublade - überall rumliegen, und andere, die dafür da sind, dir ein erstes Bild zu machen, wie es aussehen könnte, wenn alles sauber und aufgeräumt ist.
Lass dich von den folgenden Ritualen inspirieren und suche dir aus, was dir für diesen Prozess die beste Unterstützung ist

### RÄUCHERN
Räuchere dich und dein Zuhause aus, um alte Energien loszuwerden. Ich nutze dafür gerne weissen Salbei, aber lass dich nicht verunsichern durch die Wahl des Räuchermaterials. Das kann eine spezielle Räuchermischung sein, Weihrauch, oder ein Räucherstäbchen, das dir zusagt. Viel wichtiger ist deine Intention, das Energiefeld in deinen Räumen und rund um dich zu reinigen.

### WUNSCHKERZE GESTALTEN
Besorge dir eine etwas grössere Kerze, die du dann als deine Rauhnachtskerze gestalten kannst. Sie darf bemalt, beklebt oder anders verziert werden. Vielleicht möchtest du sie aber auch nur mit deinen Wünschen und Visionen "segnen". Sie darf dich über die Rauhnächte und in das kommende Jahr begleiten und dich immer wieder an deine Visionen erinnern.

### FEUER-RITUAL (ALTES VERBRENNEN UND LOSLASSEN)
Feuer ist ein wunderbares Ritual-"Werkzeug". Es hilft Themen loszulassen, indem wir sie auf kleine Zettel schreiben, die wir dann dem Feuer übergeben. Ausserdem hat das "Ins Feuer Schauen" eine meditative Wirkung und hilft uns, in unserem Inneren klarer zu sehen. Vielleicht hast du die Möglichkeit, draussen ein Feuer zu machen, ansonsten nimm eine feuerfeste Schale und verbrenne die Zettel mit Hilfe einer Kerze.

# Die Wintersonnwende

### 13 WÜNSCHE FÜR DIE RAUHNÄCHTE

Schreibe dir 13 Wünsche für das kommende Jahr auf. Falte die Zettel so, dass du nicht mehr erkennst, welche Wünsche sich darin verbergen. Dann gebe die Zettel in ein Glas oder eine Schale und platziere sie an deinem Sacred Place. In jeder Rauhnacht verbrennst du einen der Zettel und der entsprechende Wunsch soll dann in diesem Monat in Erfüllung gehen. Den übrig gebliebenen, dreizehnten Zettel liest du am 6. Januar. Du hast nun die Aufgabe, dir diesen Wunsch im kommenden Jahr selber zu erfüllen.

### VISON BOARD

Gestalte dir nach dem Loslassprozess dein Vision Board. Vielleicht ist das ganz einfach ein A4 Blatt auf das du ein Mindmap zeichnest, bei dem in der Mitte dein Name steht und darum herum alle wichtigen Themen (Beruf, Familie, Partnerschaft, persönliche Entwicklung, Finanzen...). Vielleicht nimmst du aber auch ein grösseres Blatt oder sogar ein Stück Packpapier und Farbe, Bilder aus Zeitschriften, Fotos, Stoff... Deiner Kreativität sind keine Grenzen gesetzt, weder in der Art der Umsetzung noch im Inhalt. Erlaube dir beim Vision Board frei von Begrenzungen zu denken. Alles ist möglich!

### Ganz wichtig: SEI KREATIV!!!

Lasse dir Rituale einfallen. Mache was dir gefällt und dir Schmetterlinge in den Bauch zaubert vor Freude! Lass dich nicht einschränken von den Vorgaben, sonden nutze sie als Einladung, DEIN Ritual zu finden. Male ein Seelenbild, mache eine Heilwanderung, schmeisse Steine in den Fluss, singe Mantras... Du weisst am besten, was dich anspricht!

# Die Wintersonnwende

## Ein möglicher Ablauf

Mache wenn möglich draussen ein Feuer und lege dir Zettelchen bereit. Auf der nächsten Seite findest du Platz, um vorgängig dir ein paar Fragen zum vergangen Jahr zu stellen und damit herauszufinden, was du schreiben möchtest. Nimm dir zuerst Zeit, dir Dinge auf die Zettel zu schreiben, die du loslassen möchtest und verbrenne sie dann im Feuer oder in einer feuerfesten Schale! Lass bewusst beim Verbrennen diese Situation, diese Angewohnheit, dieses Muster los und atme gut. Wenn du magst, summe oder singe sogar dazu, damit dein Körper vibriert und sich deine Frequenz öffnet für Neues. Sehr kraftvoll ist dazu auch ein Tapping. Klopfe dafür mit deinen Fingerkuppen auf dein Brustbein. Dort liegt die Thymusdrüse und sie unterstützt dich in diesem Prozess

Räuchere dann mit einer Räuchermischung oder einem Räucherstäbchen die Wohnung aus. Gehe dazu durch alle Räume und in alle Ecken. Versuche bewusst dabei zu sein, mit der Vorstellung, dass du alte Themen, Gespräche, Streit etc. aus den Zimmern löst. Räuchere dann auch dich und dein Feld ab und lasse bewusst alte Energien los, die sich noch in deinem persönlichen Feld befinden. Öffne zum Schluss einen Moment die Fenster und entlasse die alten Energien.

Schreibe dann nochmal Zettelchen. Diesmal schreibst du aber, deine Ziele, Pläne, Visionen auf. Verbinde dich mit ihnen. Vielleicht magst du dir die 13 Wünsche aufschreiben, die du dir für die Rauhnächte aufbewarst. Wenn du dieses Ritual nicht magst, verbrennst du jetzt deine Ziele und Visions-Zettelchen, mit der Intention, sie dem Universum zu übergeben. Sie dürfen geschehen und du brauchst nicht mehr an ihnen festzuhalten. Du erinnerst dich, es geht ums Loslassen und Vertrauen.

Wenn möglich kannst du jetzt an dem Feuer deine Kerze entzünden und mit dem neuen Licht und der neuen Intention durch alle Räume gehen. Wenn du Kinder hast, kann jedes Kind seine eigene Wunsch-Kerze daran entzünden und in sein Zimmer bringen.

# Die Wintersonnwende

## Vorbereitende Fragen

### LASSE DAS VERGANGENE JAHR REVUE PASSIEREN. WAS WAR GUT, WAS WAR WENIGER GUT?

Das Jahr neigt sich dem Ende zu. Vieles lief gut, Einiges weniger. Lasse zur heutigen Wintersonnwende die Dinge los, die dich dieses Jahr frustriert haben, die dich hadern und zweifeln liessen. Was hat dich viel Energie gekostet? Schliesse einen Moment die Augen und verbinde dich mit deinem Herzen. Dann beginn zu schreiben, was dir dazu einfällt. Lass einfach fliessen was kommt. Du darfst auch zeichnen, mindmapen, kritzeln...

# Die Wintersonnwende

## Vorbereitende Fragen

### WAS HAT DIR **AN DIR** GUT GEFALLEN, WAS EHER WENIGER? WAS MÖCHTEST DU LOSLASSEN?

Ganz bestimmt gibt es auch Dinge, die du an dir in diesem Jahr nicht so gemocht hast. Vielleicht sind das alte Themen, die du kennst, aber bis jetzt nicht ändern konntest. Vielleicht wird es dir auch erst jetzt bewusst, was wichtig wäre, loszulassen. Überlege dir, welche Angewohnheiten, Muster, Themen du im alten Jahr zurücklassen möchtest. Was passt nicht in dein neues ICH.

## WAS SOLL STATT DESSEN EINE ANGEWOHNHEIT, EIN ASPEKT VON DIR WERDEN?

Wenn du dir vorstellst, wie du gerne wärst, was macht diese Person aus? Welche Gewohnheiten hat sie, wie reagiert sie auf Dinge? Schliesse einen Moment die Augen und versuche diese Person zu fühlen. Was kommt dir dazu in den Sinn?

## WELCHE WEIBLICHEN ATTRIBUTE MÖCHTEST DU DIESES JAHR MEHR LEBEN?

Überlege dir, welche der weiblichen Attribute dir dabei helfen könnten, dein neues ICH zu werden? Welche möchtest du mehr leben?

# Die Rauhnächte

## ERSTE RAUHNACHT
### 24/25 DEZEMBER

## DIE WILDE FRAU

Wir beginnen unsere Reise mit dem ersten Archetypen, der wilden Frau. Sie entspricht unserem Wurzelchakra und ist sehr gut mit Körper und Instinkt verbunden. Sie ist gut geerdet und ist verbunden mit der Natur und Mutter Erde! Sie ist wild und authentisch. Sie mag keine Regeln und Konventionen und liebt die Freiheit. Sie kann laut singen und tanzen, und über ihren Körper alle ihre Gefühle zum Ausdruck bringen. Ihr Körper ist ihr grösster Schatz, sie liebt ihn und lebt ganz natürlich seine Bedürfnisse.

### ÜBUNG FÜR DIE WILDE FRAU

Erde dich heute ganz bewusst. Versuche raus zu gehen in die Natur und dich mit der Erde zu verbinden. Lasse Wurzeln aus deinen Füssen und deinem Becken in den Boden wachsen und spüre, wie du eins wirst mit Mutter Erde! Vergiss nicht, du bist ein Teil dieser grossen Urkraft und diese lodert auch IN DIR!
Suche dir einen schönen Stein, einen Ast, ein Schneckenhaus, eine Beere... irgend etwas, bei dem dein Innerstes WOW ruft. Erlaube dir durch den Wald zu gehen und Fragen zu stellen. Sei achtsam, was du für Antworten und Zeichen bekommst. Vielleicht findest du einen Gegenstand, der dir etwas erzählen möchte, sei offen!


Wenn du heute keinen Raum findest, nach draussen zu gehen, dann setz dich einfach einen Moment an deinen Sacred Place und verbinde dich mit dem wilden ursprünglichen Anteil in dir! Atme in dein Wurzelchakra und besuche deine innere wilde Frau.

# Die Rauhnächte

## ERSTE RAUHNACHT
### 24/25 DEZEMBER

### DIE WILDE FRAU

### KENNST DU DIE INNERE WILDE FRAU BEI DIR?

Frage dich, ob du diese wilde Frau in dir kennst, und ob du sie auch manchmal lebst. Die wilde Frau wird von uns häufig eingesperrt und ruhig gestellt. Wir wollen nicht auffallen, schon gar nicht wild und ungezähmt, das gehört sich nicht.
Bei deiner Meditation heute verbinde dich mit dieser wilden Frau in dir, gestatte ihr einen Besuch ab. Suche das Gespräch mit ihr und schreibe dir auf, was dir dazu wichtig scheint. Vergiss nicht, sie ist die Frau, die es schafft, ganz unkonventionell an deine Visionen heranzugehen. Dinge in den Raum zu bringen, auf die du in deinem geregelten Alltag nicht kommst

## Die Rauhnächte

### ERSTE RAUHNACHT
### 24/25 DEZEMBER – JANUAR

ALLGEMEIN

THEMA HEUTE, BEFINDEN, GEDANKEN

WIE HABE ICH GESCHLAFEN, WAS HABE ICH GETRÄUMT?

WELCHE KARTE HABE ICH HEUTE GEWÄHLT, WAS LÖST SIE BEI MIR AUS?

## ZWEITE RAUHNACHT
### 25/26 DEZEMBER

### DIE WILDE FRAU

Die wilde Frau kann wie alle anderen Archetypen im Ungleichgewicht sein. Frage dich, wo du du sie lebst, ob sie vielleicht manchmal ausbricht, oder ob sie immer ganz schön leise und "unwild" ist?

### EINGESPERRT UND GESCHWÄCHT

- Immer angepasst
- schämt sich für ihren Körper
- wenig Lebensfreude / Spass
- lebt ihren weiblichen Zyklus nicht
- vertraut ihren Instinkten nicht

### VERLETZT UND ÜBERAKTIV

- laut und unangepasst
- lebt nur ihre eigenen Bedürfnisse
- Einzelgängerin

FRAGE DICH, WO DU DICH MEHR FINDEST. BIST DU MEHR LINKS ODER MEHR RECHTS? VIELLEICHT IST ES AUCH JE NACH SITUATION UNTERSCHIEDLICH.

### ÜBUNG FÜR DIE WILDE FRAU

Versuche heute deine wilde Frau aufleben zu lassen. Tanze durch das Wohnzimmer, durch den Wald, singe oder trommle, stampfe. Oder mache Geräusche tief aus deinem Körper, so dass du fühlst, wie dein Körper fibriert, brumme, summe, stöhne. Lass deinen Körper AUSDRUCK sein für dich und dein Befinden! Vielleicht magst du auch mal nur so zum Ausprobieren Wut ausdrücken, Freude, oder andere Emotionen. Dadurch wirst du dir so viel näher kommen!

## Die Rauhnächte

ZWEITE RAUHNACHT
25/26 DEZEMBER – FEBRUAR

ALLGEMEIN

THEMA HEUTE, BEFINDEN, GEDANKEN

WIE HABE ICH GESCHLAFEN, WAS HABE ICH GETRÄUMT?

WELCHE KARTE HABE ICH HEUTE GEWÄHLT, WAS LÖST SIE BEI MIR AUS?

## Die Rauhnächte

### DRITTE RAUHNACHT
### 26/27 DEZEMBER

### DIE KÜNSTLERIN

Die Künstlerin in uns ist ein Archetyp der Leidenschaft die sich in Form von Kreativität ausdrückt. Die Künstlerin ist verbunden mit dem 2.Chakra das für Lebensfreude, Schaffenskraft und Leidenschaft steht. Sie erlaubt sich, kreativ zu sein, also zu zeichnen und zu malen, aber auch zu schreiben und zu basteln. Die Kreativität ist ein sehr weiblicher Aspekt, kommt aber bei vielen Frauen zu kurz. Sie zeichnen nicht, weil sie denken, sie können es nicht gut genug, oder es sei sinnlos. Aber es geht dabei nicht um das Resultat, es geht um die Tätigkeit. Wenn wir verbunden sind mit diesem kreativen Aspekt in uns, dann sind wir auch im Flow des Kreierens und in uns können neue Ideen und Visionen "gemalt" werden. Deshalb verbinden wir uns heute mit unserer inneren Künstlerin, und geben ihr damit Raum, unsere Visionen und unser Bild von uns entstehen zu lassen.

### ÜBUNG ZUR KÜNSTLERIN

Versuche es heute doch mal mit einer Zeichenmeditation. Lege zuerst die Hand auf dein Herz, atme ein paar mal und versuche dir dann vorzustellen, du atmest durch dein Herz ein und durch dein Sakralchakra aus. Das Sakralchakra liegt zwischen Schambein und Nabel auf deinem Unterbauch. Stell dir vor, wie die Energie aus deinem Herzen durch dein Sakralchakra fliesst und sich dein Sakralchakra ausbreitet und wie es energetisiert wird. Nimm einen Stift und Farben und fange an zu malen. Auf der nächsten Seite hast du etwas Platz dazu, falls dir nichts einfällt, beginne damit, Linien zu malen. Kreuz und quer, es muss dabei nichts entstehen. Wie gesagt, es geht um den Prozess. Male dann mit den Farben die einzelnen Flächen aus und achte aufmerksam auf deine Gedanken. Wenn du möchtest, kannst du auch ganz gezielt mit einer Frage in die Übung gehen. Natürlich bietet es sich hier an, sich zu fragen, wie ich mich im nächsten Jahr persönlich entwickeln will, was meine Visionen sein könnten in Bezug auf Arbeit, Beziehung, Persönlichkeitsentwicklung, Familie…

# Die Rauhnächte

**DRITTE RAUHNACHT**
26/27 DEZEMBER

**DIE KÜNSTLERIN**

Liebe Künstlerin, was darf ich heute durch dich und deine Kreativität erfahren!

## DIE RAUHNÄCHTE

DRITTE RAUHNACHT
26/27 DEZEMBER – MÄRZ

ALLGEMEIN

THEMA HEUTE, BEFINDEN, GEDANKEN

WIE HABE ICH GESCHLAFEN, WAS HABE ICH GETRÄUMT?

WELCHE KARTE HABE ICH HEUTE GEWÄHLT, WAS LÖST SIE BEI MIR AUS?

## Die Rauhnächte

### VIERTE RAUHNACHT
### 27./28. DEZEMBER

### DIE KRIEGERIN

Unsere innere Kriegerin ist ein sehr starker Archetyp. Sie beschützt uns und verteidigt unseren Raum. Aber sie ist nicht dazu da, blind um sich zu schlagen. Sie braucht ihr Schwert nur, wenn es nicht anders geht! Sie ist dazu da, NEIN zu sagen, wenn wir NEIN fühlen. Sie schützt unsere Grenzen. Die Kriegerin hat heute häufig keinen Platz mehr in unserem inneren Kreis, weil wir sie für unangebracht halten. Weil wir gelernt haben, das brave Mädchen zu sein, das sich überall zurück nimmt und akzeptiert. Wir haben manchmal Angst davor, dass unsere Kriegerin zu laut, zu vehement, zu agressiv wäre. Aber eine gut entwickelte heile Kriegerin hat ein so klares Feld und eine so starke Ausstrahlung, dass kaum jemand ihre Grenzen überschreitet. Das bedeeutet eine gut entwickelte Kriegerin wird kaum kämpfen müssen.

### ÜBUNG ZUR KRIEGERIN

Die innere Kriegerin steht in Zusammenhang mit unserem Solarplexus-Chakra. Es ist das Chakra unserer Verdauung und unserer Emotionen. Es geht im Solarplexus um die Entwicklung des ICHs und um unsere Selbstermächtigung. Im Solarplexus entsteht ein gesunder Selbstwert. Es geht auch darum, unsere Vision, der wir gestern Raum gegeben haben, zu "verteidigen" und dazu zu stehen (auch vor uns selbst). Es geht darum zu zeigen, was und wer ich bin und wofür ich stehe.

## VIERTE RAUHNACHT
### 27./28. DEZEMBER

### DIE KRIEGERIN

### ÜBUNG ZUR KRIEGERIN

Verbinde dich in der Meditation mit deinem Solarplexus. Erde dich dafür zuerst und lasse dann die Energie aus der Erde bis in deinen Bauch aufsteigen. Vielleicht magst du dazu ein Gelb visualisieren, vielleicht ist es ein Gold oder eine andere Farbe. Folge deiner Intuition. Wenn du ganz in deinem Solarplexus angekommen bist, dann lade deine innere Kriegerin ein, sich dir zu zeigen und schau / spüre wie es ihr geht. Was hat sie dir zu sagen? Was braucht sie von dir? Vielleicht hat sie auch ein Geschenk für dich - eine Affirmation, ein Bild o.ä. das dir hilft, dich in der richtigen Situation mit ihr zu verbinden.
Stell dir auch deine Vision vor und gebe ihr die Erlaubnis, diese zu verteidigen und mit dir dafür einzustehen.

Schreibe dir aus dieser Begegnung auf, was dir wichtig scheint

VIERTE RAUHNACHT
27/28 DEZEMBER – APRIL

ALLGEMEIN

THEMA HEUTE, BEFINDEN, GEDANKEN

WIE HABE ICH GESCHLAFEN, WAS HABE ICH GETRÄUMT?

WELCHE KARTE HABE ICH HEUTE GEWÄHLT, WAS LÖST SIE BEI MIR AUS?

# Die Rauhnächte

## FÜNFTE RAUHNACHT
### 28./29. DEZEMBER

### DIE KRIEGERIN

Kriegerinnen wurden gerne von Anfang an daran gehindert, in ihre Kraft zu kommen. Häufig haben wir in der Kindheit gelernt, dass es sinnvoller ist - respektive sicherer - sich anzupassen und ruhig zu sein. Es gehörte in den Generationen vor uns dazu, sich als Frau aufzuopfern und lieb und brav zu sein. Die eigenen Bedürfnisse und Grenzen waren unwichtig. Bitte verurteile das nicht. Es gab eine Zeit, da war das unsere Überlebensstrategie. Jetzt dürfen wir aber lernen, diese Überlebensstrategie loszulassen!

**EINGESPERRT UND GESCHWÄCHT**

- kann nicht nein sagen
- nimmt sich immer zurück
- alle andern sind wichtiger
- Scham- und Schuldgefühle

**VERLETZT UND ÜBERAKTIV**

- reagiert mit Angriff bei Verunsicherung
- Kritik kann nicht gut angenommen werden
- übernimmt keine Verantwortung für ihre Gefühle

Frage dich, wo du dich selber mehr siehst? Vielleicht findest du dich auch auf beiden Seiten, je nach Situation oder Person mit der du interagierst.

### ÜBUNG FÜR DIE KRIEGERIN

Übe das NEIN sagen. Stelle dich dafür vor den Spiegel und versuche in ganz unterschiedlichen Tonlagen und Emotionen NEIN zu sagen. Wie fühlt es sich an, ganz vehement und klar NEIN zu sagen, wie kannst du ganz schüchtern nein sagen. Spüre, was das für eine Energie hat. Wie kannst du klar und trotzdem liebevoll nein sagen. Versuche alle Facetten aus diesem Wort herauszuholen und den angenehmen Mittelweg für dich zu finden, der weder zur linken noch zur rechten Spalte gehört.

## Die Rauhnächte

FÜNFTE RAUHNACHT
28./29 DEZEMBER – MAI

ALLGEMEIN

THEMA HEUTE, BEFINDEN, GEDANKEN

WIE HABE ICH GESCHLAFEN, WAS HABE ICH GETRÄUMT?

WELCHE KARTE HABE ICH HEUTE GEWÄHLT, WAS LÖST SIE BEI MIR AUS?

## SECHSTE RAUHNACHT
### 29./30. DEZEMBER

### DIE MUTTER

Die Mutter ist wohl der urweiblichste Archetyp überhaupt. Grundsätzlich hat der Archetyp der Mutter aber nichts damit zu tun, ob du selber Kinder hast oder nicht. Es geht vielmehr um die Qualität dieser Energie. Trotzdem verstärkt natürlich das Mutter-Werden diesen Archetypen in uns oder weckt ihn auf. Die Energie dieses Archetypen ist verbindend, beschützend und nährend. Eine Mutter hält den Raum, damit ihre Kinder oder Projekte sich geschützt entfalten können. Ja, du hast richtig gelesen, auch Projekte oder Visionen können unsere "Kinder" sein.

Manchmal nutzen wir in unserem Arbeitsumfeld diese mütterliche Urkraft, um einen geschützten Raum zu schaffen, damit alle sich wohl fühlen und ihre Fähigkeiten zeigen können.

### ÜBUNG ZUR MUTTER

Wenn wir von der inneren Mutter reden, dann ist auch immer unser Verhältnis zu unserer eigenen Mutter ein Thema. Wo können wir ihre mütterliche Energie fühlen, wo hat sie uns vielleicht gefehlt? Auch unsere Mütter waren in dieser Geschichte der Weiblichkeit ein Puzzleteil und haben ihres dazu gegeben, dass du jetzt da stehst, wo du stehst und dich um deine Weiblichkeit kümmern kannst.

Verbinde dich mit deiner leiblichen Mutter. Stelle sie dir vor und versuche sie einmal aus der Rolle der Mutter herauszunehmen und sie einfach als Frau zu sehen. Wie ging es ihr damals? Vielleicht kannst du dadurch gewisse Dinge mit anderen Augen sehen.

Stelle dich nun als erwachsene Frau zu ihr hin und sage ihr, wofür du dankbar bist aber auch, was dir gefehlt hat. Und vielleicht bekommst du auch eine Antwort von ihr oder ein Gefühl. Umarme sie am Ende der Meditation. Versuche dankbar aus dieser Begegnung herauszugehen.

## SECHSTE RAUHNACHT
### 29./30. DEZEMBER

### DIE MUTTER

### ÜBUNG ZUR MUTTER

Du kannst dir sicher sein, dass deine Mutter immer ihr Bestes gegeben hat, auch wenn vielleicht das eine oder andere für dich nicht optimal verlief. Wichtig ist es, zu verstehen, dass alle Dinge, die dir von ihrer Seite gefehlt haben, nicht Dinge sind, die sie entschieden hat, zurück zu halten. Meist sind das Dinge, die ihr selber fehlen. Nimm deshalb die folgende Skizze und schreibe mit Pfeilen von ihr zu dir alle Dinge, die du von ihr bekommen hast, für die du dankbar bist. Die Dinge die dir gefehlt haben, zeichnest du mit einem Pfeil von dir zu ihr. So wird die Energie zwischen euch rund. Wenn du magst darfst du zum Abschluss die Pfeile so anpassen, dass sie zu beiden Seiten zeigen.
Diese Übung ist auch wichtig für die Übung von morgen

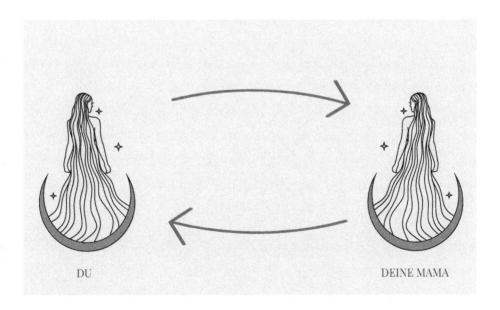

DU                                                    DEINE MAMA

## SECHSTE RAUHNACHT
### 29./30 DEZEMBER – JUNI

ALLGEMEIN

THEMA HEUTE, BEFINDEN, GEDANKEN

WIE HABE ICH GESCHLAFEN, WAS HABE ICH GETRÄUMT?

WELCHE KARTE HABE ICH HEUTE GEWÄHLT, WAS LÖST SIE BEI MIR AUS?

# Die Rauhnächte

## DIE MUTTER

Die Energie der Mutter darfst du nicht nur im Aussen nutzen, sondern auch für dich und dein inneres Kind. Dein inneres Kind ist häufig verletzt und bekommt in unserer Welt keinen Raum. Manchmal tobt es und zeigt sich dann im Aussen durch irgendwelche unschönen Reaktionen. Das innere Kind ist ein Teil unseres Unterbewusstseins und wie du sicher weisst, macht unser Unterbewusstsein einen sehr grossen Anteil unserer täglichen Reaktionen, unserer Gedanken und Gefühle aus. Es wäre also durchaus hilfreich, unser Unterbewusstsein besser integrieren zu können bzw. unser inneres Kind zu heilen und zu besänftigen. Wir dürfen ihm eine Mutter sein und ihm das Gefühl eines geschützten Raumes vermitteln. Ein Raum um zu spielen, zu lachen, zu weinen, zu rennen...
Das bedeutet grundsätzlich, dass wir uns selber gegenüber viel liebevoller und nährender sein sollen. Viel zu häufig sind wir mit uns alles andere als mütterlich und  kreieren für uns keinen geschützten Raum für Wachstum. Wir lassen lieber unsere verletzte Kriegerin mit uns ins Gericht ziehen, die uns straft und verurteilt. Das ist eigentlich ein Verbrechen an uns selber, denn damit machen wir uns klein und dimmen unser Strahlen.

Es wird Zeit, die liebevolle innere Mutter für dich selber zu sein, die dir den Raum gibt zu leuchten!

## SIEBTE RAUHNACHT
### 30./31.DEZEMBER

### DIE MUTTER

### FÜHLE ICH DIE ENERGIE DER INNEREN MUTTER IN BEZUG AUF MICH SELBER ?

Verbinde dich mit deinem Herzen und besuche dein inneres Kind. Begegne ihm als innere Mutter. Vermittle deinem inneren Kind Sicherheit und Liebe. Vielleicht spricht es mit dir, und sagt dir, was es von dir braucht, damit es sich sicher und gesehen fühlt. Lass deinem inneren Kind Zeit, Vertrauen zu fassen und sich zu entspannen. Dann versuche die Energie von dir als innere Mutter genau zu spüren, wie fühlst du dich in dieser Rolle. Nimm dieses Gefühl mit aus der Meditation und versuche dich im Alltag immer mal wieder daran zu erinnern.

Schreibe dir auf, was dein inneres Kind braucht, um sicher zu sein und wie du dich dabei als innere Mutter gefühlt hast.

## Die Rauhnächte

SIEBTE RAUHNACHT
30./31 DEZEMBER – JULI

ALLGEMEIN

THEMA HEUTE, BEFINDEN, GEDANKEN

WIE HABE ICH GESCHLAFEN, WAS HABE ICH GETRÄUMT?

WELCHE KARTE HABE ICH HEUTE GEWÄHLT, WAS LÖST SIE BEI MIR AUS?

# Die Rauhnächte

## ACHTE RAUHNACHT
### SILVESTERNACHT

### DIE GEFÄHRTIN

Die Gefährtin oder die Verbündete ist die Frau in uns, die es uns möglich macht, uns energetisch "horizontal" mit anderen Menschen zu verbinden. Eine grundlegende weibliche Fähigkeit ist es, Verbindung zu schaffen und Kräfte und Energien zusammen zu bringen, um sie gemeinsam zu nutzen.

Was bei der männlichen Energie die Fähigkeit des Durchsetzungsvermögens und des "Sieges" ist, ist bei der Frau das "Synergien Nutzen". Leider haben wir diese Fähigkeit vernachlässigt. Wir wurden viel zu sehr zu Einzelkämpferinnen. Die Konkurrenz hat auch in der weiblichen Welt einen grossen Platz eingenommen. Da gehört sie nicht hin! Das grosse Potential der Weiblichkeit ist das Miteinander und nicht das "höher, weiter, schneller".

Eine weitere Falle, in die wir Frauen in der heutigen Gesellschaft häufig tappen, ist das Vergleichen. Klar, da wir uns horizontal mit andern verbinden, erkennen wir, was andere haben und wir nicht. Das männliche Konkurrenzdenken, das gerade zu unserem gesellschaftlichen Normal gehört, löst dann Minderwertigkeitsgefühle in uns aus und wir ziehen uns zurück, weil wir denken alle andern könnens besser.
Dabei geht es bei dieser Verbindung der Gefährtin niemals um, wer ist besser oder schlechter, wer bringt mehr und wer weniger! Es geht darum, dass man GEMEINSAM auf das GANZE POTENTIAL zurück greifen kann.

Es ist also Zeit wieder zu erkennen, dass wir mit verbundener Energie viel kraftvoller sind.

# Die Rauhnächte

## ACHTE RAUHNACHT
## SILVESTERNACHT

### DIE GEFÄHRTIN

### ÜBUNG ZUR GEFÄHRTIN

Überlege dir, wer deine Weggefährtinnen sind und wem du Weggefährtin bist oder sein möchtest! Schreibe deinen Namen in die Mitte und platziere die Gefährtinnen rund um dich. Verbinde dich mit deinem Herzen und schicke dann jeder dieser Frauen einen Herzimpuls von dir. Verbinde ihn mit einem Danke oder einem guten Impuls für eure Freundschaft.

## ACHTE RAUHNACHT
### SILVESTERNACHT - AUGUST

#### ALLGEMEIN

THEMA HEUTE, BEFINDEN, GEDANKEN

WIE HABE ICH GESCHLAFEN, WAS HABE ICH GETRÄUMT?

WELCHE KARTE HABE ICH HEUTE GEWÄHLT, WAS LÖST SIE BEI MIR AUS?

# Die Rauhnächte

## DIE GEFÄHRTIN

Wenn Frauen als Gefährtinnen zusammen kommen und einen Frauenkreis bilden, dann entsteht eine ganz besondere Energie, die jede einzelne der Frauen empowert und stärkt. Wir dürfen wieder mehr vertrauen, solche Kreise zu finden oder diese sogar gezielt ins Leben rufen. Und wir dürfen uns achten, dass wir selber diese Gefährtinnen-Energiequalität in den nächsten Frauenkreis tragen und keine Neid- oder Konkurrenzgedanken mitnehmen.
Wir bilden in diesen Tagen unseren inneren Frauenkreis und auch da heisst es, Gefährtin zu sein. Gefährtin von uns und all unseren Anteilen. Sei stolz auf jeden einzelnen deiner Archetypen, auch wenn das Potential noch nicht überall gelebt wird

### EINGESPERRT UND GESCHWÄCHT

- wird unsichtbar im Kreis mit anderen Frauen
- Gibt ihre Energie nicht mit in den Kreis
- opfert sich auf
- Vergleicht sich

### VERLETZT UND ÜBERAKTIV

- dominiert andere Frauen
- lebt den Konkurrenzkamp

WO FINDE ICH MICH SELBER? BIN ICH MEHR LINKS ODER RECHTS? WO BRAUCHT ES ETWAS MEHR VON DER EINEN ODER ANDEREN SEITE?

## ÜBUNG FÜR DIE GEFÄHRTIN

Frage dich, mit wem du die Gefährtin nicht so lebst, wie es gedacht wäre. Vielleicht ist es eine Freundin, mit der du immer in Konkurrenz stehst oder die ein Gefühl von Neid in dir hervorruft. Vielleicht eine Freundin, die sich dir immer unterwirft und sich anpasst. Vielleicht ist es deine Schwiegermutter, deine Chefin... Suche dir eine weibliche Person, mit der du den Kontakt nicht als sehr Schwesternhaft empfindest.

## DIE STRICHMÄNNCHENTECHNIK

Mit diesem einfachen Ritual hast du die Möglichkeit, dich von Situationen oder aus Verstrickungen zu lösen. Das bedeutet nicht, dass die Personen damit aus deinem Leben verschwinden, sondern die Situation, die eure Beziehung erschwert wird gelöst oder verändert.

Du brauchst dazu ein Blatt Papier, einen Stift und wenn möglich eine Schere.

1. Zeichne dich als Strichmännchen auf die linke Seite des Papiers und beschrifte es mit deinem Vor- und Nachnamen.
2. Zeichne die Person auf die rechte Seite des Papiers, deren Beziehung zu dir sich verbessern sollte und beschrifte auch sie mit Vor- und Nachnamen.
3. Ziehe einen Lichtkreis um dich und sage dir: "Ich wünsche mir das, was das beste für mich ist, auch wenn ich nicht genau weiss, was das ist."
4. Ziehe dann einen Lichtkreis um die andere Person und sage dir auch hier: "Ich wünsche mir das, was für die xy das beste ist, auch wenn ich nicht genau weiss, was das ist."
5. Ziehe nun einen Lichtkreis um beide Personen
6. Ziehe 7 Linien entsprechend der Hauptchakren zwischen den beiden Personen (alle unsere Glaubenssätze haben eine energetische Verbindung zu einem unserer Energiezentren und schwingen da)
7. Zerschneide (oder zerreisse) nun das Papier und trenne diese energetischen Verstrickungs-Schnüre zwischen den beiden Personen und sage
8. "Danke, es ist JETZT erledigt"

## DIE STRICHMÄNNCHENTECHNIK

Diese Technik ist ebenso einfach wie wirkungsvoll. Wichtig ist dabei, dass du ganz gut mit in dem Gefühl des Loslassens bist.

Anmerkung: Diese Übung wurde übernommen aus dem Buch
"Die Strichmännchentechnik" von Lucie Bernier und Robert Lenghan

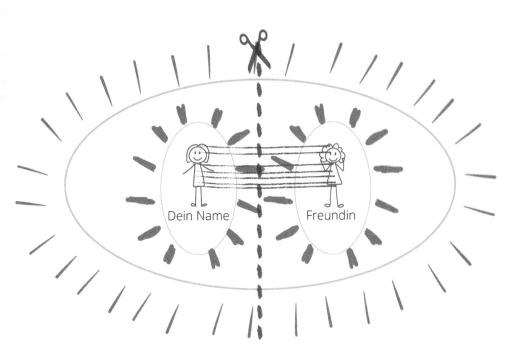

## NEUNTE RAUHNACHT
## 1./2. JANUAR– SEPTEMBER

ALLGEMEIN

THEMA HEUTE, BEFINDEN, GEDANKEN

WIE HABE ICH GESCHLAFEN, WAS HABE ICH GETRÄUMT?

WELCHE KARTE HABE ICH HEUTE GEWÄHLT, WAS LÖST SIE BEI MIR AUS?

## Die Rauhnächte

### ZEHNTE RAUHNACHT
### 2./3. JANUAR

### DIE PRIESTERIN

Der Archetyp der Priesterin hat natürlich nichts mit dem Priestertum der heutigen Zeit zu tun. Bei der inneren Priesterin geht es um die tiefe Verbindung mit unserem eigenen Kern und mit unserem Herzen. Natürlich ist die Priesterin spirituell und lebt diese Spiritualität auch. Sie hat die Gabe die universelle Weisheit und Liebe anzuzapfen und diese auch zu teilen. Sie verbindet die Menschen wieder mit ihrem eigenen Licht und öffnet ihre Herzen. Anders als die Heilerin ist sie nicht dazu da, Krankheiten zu heilen, sondern Menschen mit ihren eigenen Kräften in Verbindung zu bringen. Ihre Superpower ist das Schaffen von Verbindung - zwischen den Menschen, aber auch des einzelnen Menschen mit seiner inneren Weisheit, seinem Herzen, seiner Stärke.

Die Priesterin steht einerseits für das Herzchakra (Verbindung) andererseits aber auch für das Stirnchakra bzw. das dritte Auge (spirituelle Weitsicht). Wenn wir wieder an unsere Vision denken, so erkennt die Priesterin, was es braucht, damit diese sich manifestiert. Sie spürt, wo sie auf spiritueller Ebene Hilfe und Unterstützung bekommen kann.

### ÜBUNG FÜR DIE PRIESTERIN

Die Priesterin ist, wenn sie in ihrer Kraft ist, sehr gut mit ihrem Herzen verbunden. Auch die spirituellen Fähigkeiten kann sie nur nutzen, wenn diese Herzverbindung steht. Versuche heute, dir Zeit für eine Herzmeditation zu nehmen und dich auch während des Tages immer mal wieder mit deinem Herzen zu verbinden. Atme dazu in dein Herz und versuche es auszuweiten. Denke dann an eine Situation, die dich dankbar macht und bleibe mit dem Fokus bei deinem Herzen und den Dankbarkeitsgefühl. Wenn du das eine Zeit lang machst, wirst du spüren, wie dein Herz sich ab einem bestimmten Moment öffnet und weit wird. Bleibe einen Moment in dieser Weite.

## Die Rauhnächte

### ZEHNTE RAUHNACHT
### 2./3. JANUAR- OKTOBER

ALLGEMEIN

THEMA HEUTE, BEFINDEN, GEDANKEN

WIE HABE ICH GESCHLAFEN, WAS HABE ICH GETRÄUMT?

WELCHE KARTE HABE ICH HEUTE GEWÄHLT, WAS LÖST SIE BEI MIR AUS?

## ELFTE RAUHNACHT
### 3./4. JANUAR

### DIE PRIESTERIN

Heute wollen uns noch einmal unserer Spiritualität widmen. Die Rauhnächte bringen uns mit unserer Vision, aber auch mit unserer Spiritualität in Kontakt. Diese natürliche Verbindung zur Spiritualität ist eine ur-weibliche Fähigkeit, die wir leider häufig nicht leben und schon gar nicht zeigen. Lange wurde sie belächelt und als Humbug abgetan. Viele Männer können diesen Fähigkeiten nicht folgen, weil der Verstand und nicht das Fühlen ihre zentrale Fähigkeit ist. Wenn wir Frauen etwas FÜHLEN und dadurch WISSEN, kann das vielleicht nicht wissenschaftlich bestätigt werden, und trotzdem sind wir uns sicher. Dazu dürfen wir stehen. Bzw. es auch einfach stehen lassen, wenn jemand anderes dem nicht folgen kann.

### EINGESPERRT UND GESCHWÄCHT

- hat sich der Spiritualität total verschlossen /spürt nicht
- vertraut ihren Gefühlen nicht
- ist schüchtern und fühlt sich minderwertig

### VERLETZT UND ÜBERAKTIV

- sieht nur noch die Spiritualität
- gibt die Verantwortung komplett an die geistige Welt ab
- ist blauäugig

### WO FINDE ICH MICH SELBER? BIN ICH MEHR LINKS ODER RECHTS? WO BRAUCHT ES ETWAS MEHR VON DER EINEN ODER ANDEREN SEITE?

# Die Rauhnächte

ELFTE RAUHNACHT
3./4. JANUAR

DIE PRIESTERIN

Die Priesterin steht nicht nur für Verbindung im Aussen. Sie bringt auch in uns Herz und Hirn zusammen und verbindet die einzelnen Gehirnareale. Man weiss, dass das Frontalhirn (Stirne) für die Wahrnehmung unseres Ichs in Bezug auf die Welt steht und der Temporallappen (seitlicher Kopf) für die Wahrnehmung der Spiritualität. Es gibt auch einen Bereich - die Amygdala - der die Situationen wertet und sie als gefährlich bzw. sicher einstuft. Wenn wir es schaffen, eine Kohärenz - also eine Gleichschwingung - in diesen Bereichen herzustellen, geraten wir weniger in Stress. Der Stress ist grundsätzlich unser grösster Feind, denn er bringt uns in einen Überlebensmodus, der uns die Kreativität und die Energie nimmt, die wir bräuchten, um uns zu entwickeln. Im Stressmodus reagieren wir immer aus unserem Unterbewusstsein und werden aus diesem Grund immer so weiter machen wie bisher, auch wenn wir uns Veränderung und persönliches Wachstum wünschen würden.

ELFTE RAUHNACHT
3./4. JANUAR

DIE PRIESTERIN

## KOHÄRENZ-ÜBUNG FÜR UNSER GANZES SYSTEM

° Verbinde dich als erstes mit deinem Herzen.
° Atme durch dein Herz ein und aus.
° Leite dann ein Licht mit deinem Atem in dein Herz und dehne dieses Licht aus.
Irgendwann nimmt das Licht deinen ganzen Brustkorb ein.
° Schicke dann das Licht nach oben zu deinem Kopf und lasse es in deinen
Stirnbereich fliessen.
° Wenn dieser Bereich voller Licht ist, schicke einen Lichtstrahl auf die Seiten
deines Kopfes.
° Lasse den Lichtstrahl von links nach rechts tanzen. So dass eine Verbindung der
beiden Seiten entsteht.
° Dann lasse das Licht in der Mitte deines Kopfes zur Ruhe kommen und sich von
da über den ganzen Kopf ausbreiten.
° Nimm den Fokus nochmal auf die Verbindung zwischen Herz und Hirn.
° Bleibe einen Moment in dieser Verbindung aller Anteile.

Beobachte in Dankbarkeit!

## ELFTE RAUHNACHT
### 3./4. JANUAR– NOVEMBER

ALLGEMEIN

THEMA HEUTE, BEFINDEN, GEDANKEN

WIE HABE ICH GESCHLAFEN, WAS HABE ICH GETRÄUMT?

WELCHE KARTE HABE ICH HEUTE GEWÄHLT, WAS LÖST SIE BEI MIR AUS?

### DIE KÖNIGIN

Unsere innere Königin ist eine starke und grosse Frau. Sie strahlt Selbstvertrauen, innere Reife und Ruhe aus. Sie ist aufrecht und in ihren Handlungen und Worten klar, aber immer fair und liebevoll. Das Anführen und Leiten ist ihre grosse Qualität. Sie ist mächtig, aber sie trägt diese Macht nicht zur Schau. Sie besitzt diese natürliche Autorität, die man bei Frauen spürt, deren innere Königin entwickelt und erwacht ist. Sie führt weitsichtig und zum Besten von allen Beteiligten. Die Verbindung zu der inneren Königin schenkt eine gewisse Gelassenheit oder Überblick. So kommen unfaire Kritik oder Angriffe nicht bis zu uns durch, wenn wir in dieser Königinnen-Energie sind. Ihre Energie ist wie ein schützendes Feld um uns.

Unsere innere Königin ist auch die Instanz in uns, die alle Archetypen orchestriert. Sie schafft es, die einzelnen Archetypen aufeinander abzustimmen, sie anzuführen und zu leiten. Das Anführen und Leiten ist ihre Qualität, die sie ganz natürlich und ohne wirklich zu HERRschen ausführt.
Ähnlich wie die Priesterin hat sie eine gute Anbindung an die Seele und den göttlichen Ursprung. Aber sie lebt die Energie auf ihre Weise:

## Sie koordiniert die Archetypen zu einem grossen Ganzen:

### ZU DIR.

## Die Rauhnächte

### ZWÖLFTE RAUHNACHT
4./5. JANUAR

### DIE KÖNIGIN

### ÜBUNG FÜR DIE KÖNIGIN

Nimm dir heute einen Moment Zeit, um dich dich mit dieser Königinnen-Energie zu verbinden. Vielleicht hilft es dir, wenn du dazu meditierst, vielleicht schaffst du es auch so, dich in diese Energie zu versetzen. Versuche heute im Alltag immer wieder ihre Haltung einzunehmen, ihren Blick, ihre Art zu denken und ihre Art zu reden. Versuche zu fühlen, wie deine innere Königin sich fühlt. Versuche diese innere Gelassenheit oder den Überblick zu erreichen. Stell dir vor, dass mit jedem Mal, wenn du die Königin in dir fühlst, dein Feld etwas mehr von dieser Energie aufnehmen kann.

Wenn du dir Zeit nehmen kannst für eine extra Meditation heute, dann verbinde dich mit deiner inneren Königin und "besuche" jeden einzelnen der Archetypen. Bedanke dich bei jeder dieser Frauen, dass sie sich für dich und deine Vision einsetzt. Jede Einzelne durfte auf dieser Reise durch die Rauhnächte etwas geheilt werden und kann dir von nun an stärker zur Seite stehen, wenn du ihr die Chance dazu lässt!
Schreibe dir auf, falls sich dir etwas Schönes, Spannendes, Wundervolles gezeigt hat.

ZWÖLFTE RAUHNACHT
4./5. JANUAR- DEZEMBER

ALLGEMEIN

THEMA HEUTE, BEFINDEN, GEDANKEN

WIE HABE ICH GESCHLAFEN, WAS HABE ICH GETRÄUMT?

WELCHE KARTE HABE ICH HEUTE GEWÄHLT, WAS LÖST SIE BEI MIR AUS?

## ABSCHLUSS

So, nun kennst du sie, deine weiblichen Archetypen, deinen inneren Women Circle. Ich hoffe, du kannst jetzt verstehen, welch grosses Potential in diesen inneren Frauenanteilen und somit in DIR steckt.
Ich hoffe, du hast verstanden, dass du mit diesen Energien spielen kannst und je nach Situation der einen oder anderen mehr Raum geben kannst. Vielleicht hast du auch erkannt, welche Archetypen dir helfen, einen nächsten Schritt zu gehen und wie sie dich dabei unterstützen, deine Vision zu erreichen.

Die Arbeit mit den Archetypen ist natürlich nicht nach den Rauhnächten vorbei. So ist auch das Manifestieren unserer Visionen nicht einfach erledigt mit dem 6.Januar. Wir dürfen uns immer wieder mit diesen inneren Anteilen beschäftigen, sie neu ordnen. Die Arbeit mit den Archetypen ist ein lebendiger Prozess und du hast in diesen Tagen einen wunderbaren Einstieg geschafft!

Denk daran, dass diese Archetypen dein innerer Women Circle sind, den du immer mal wieder "einberufen" kannst. Stell dir das vor, wie ein TeamMeeting. Wenn du das regelmässig machst und dich immer wieder verbindest, wirst du ganz automatisch aus der richtigen Energie heraus reagieren, wenn eine nächste herausfordernde Situation eintritt und du wirst dich mit deinem "Team" sicher fühlen, dich in deiner ganzen weiblichen Strahlkraft zu zeigen!

## HERZLICHEN DANK

Ich hoffe sehr, du hast die Reise durch die weiblichen Archetypen genossen und etwas über dich und deine wahre Grösse gelernt!
Ich möchte es nicht versäumen, mich an dieser Stelle bei dir zu bedanken, dass du dich auf dieses Thema eingelassen hast. Ich bin überzeugt, dass wir etwas in der Welt bewirken können, wenn wir die Weiblichkeit endlich wieder mutiger und selbstbewusster leben.

Herzlichst

Simone

www.bewusstfrausein.ch
www.simoneschlegel.ch

## UND WAS ICH NOCH SAGEN WOLLTE...

Wenn du mehr zum Thema "Bewusstes Frau Sein" erfahren möchtest, dann lade ich dich ein, mir auf Youtube oder Instagram zu folgen. Es gibt immer wieder neue inspirierende Inputs und Workshop, die dich interessieren könnten!

Und solltest du dir immer mal wieder interessante Post von mir in deinem Emailpostfach wünschen, dann freue ich mich, wenn du dich mit untenstehendem QR-Code für meinen Newsletter registrierst.

Alles Liebe
Simone

www.bewusstfrausein.ch
www.simoneschlegel.ch

## Urheberrecht

## Haftungsausschluss

Impressum
© Simone Schlegel
2023
1. Auflage

Kontakt: www.simoneschlegel.ch
Mailadresse: simone@quellkraft.li

Printed in Great Britain
by Amazon